CATALOGUE

DES

Œuvres

DE

JOSEPH CHÉRET

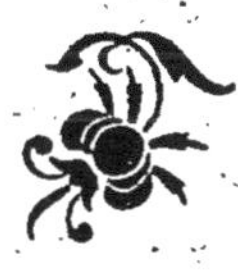

CATALOGUE

DES

Œuvres Originales

PROJETS DE MONUMENTS, DE CHEMINÉES
ET DE MEUBLES

Groupes - Statuettes - Bas-Reliefs - Pièces décoratives

TERRES CUITES, BRONZES, FAIENCES, ÉTAINS

Dessins et Croquis

COMPOSANT L'ŒUVRE DE

JOSEPH CHÉRET

SCULPTEUR DÉCORATEUR

Exposées du 14 au 21 Décembre 1894
à l'École Nationale des Beaux-Arts, quai Malaquais,
et dont la vente aura lieu,
par suite de son Décès

HOTEL DROUOT, Salles Nos 5, 6 et 7

*Les Mercredi 26, Jeudi 27, Vendredi 28 et Samedi 29 Décembre 1894,
à deux heures.*

Me G. DUCHESNE	M. A. BLOCHE
Commissaire-priseur	*Expert*
6, RUE DE HANOVRE	28, RUE DE CHATEAUDUN

Expositions à l'Hôtel Drouot

PARTICULIÈRE	PUBLIQUE
Le Lundi 24 Décembre	Le Mardi 25 Décembre
De 2 h. à 6 h.	*De 1 h. à 5 h. 1/2*

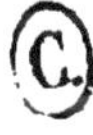

CONDITIONS DE LA VENTE

Expressément au comptant.

Les acquéreurs paieront *cinq pour cent* en sus du prix d'adjudication.

Aucune réclamation ne sera admise une fois l'adjudication prononcée, les expositions mettant le public à même de se rendre compte de l'état des objets.

Joseph Chéret

E spiriTuel et facile modeleur, ce décorateur aimable, souriant et plein d'imagination, possédait la qualité après laquelle tant d'artistes soupirent inutilement toute leur vie : la grâce !

Il en fut fait ce jour-là une bonne distribution dans la famille, puisque deux frères eurent part égale à la largesse, et que Joseph et Jules Chéret ont donné ce spectacle rare, unique peut-être en art, sinon en littérature avec les frères de Goncourt, de deux jumeaux (jumeaux d'esprit, s'entend), ayant exercé leur séduction sur le public et sur les délicats par des facultés identiques.

Pour ceux qui ont été assez heureux pour pouvoir commenter l'œuvre par l'artiste, la ressemblance de talent entre l'afficheur et le pétrisseur de bibelots, entre le peintre des murailles et le grappilleur de folles rondes sur les panses des pots, entre le peintre pastelliste et l'inventeur d'architectures intimes, se soulignait d'une manière étrange et charmante par une ressemblance physique. C'était la même voix, la même allure, la même franchise d'un bon sourire toujours sur le seuil du cœur.

La grâce, Joseph Chéret la possédait dans sa personne périssable, cette grâce virile, tendre et franche qui rend si attrayant le commerce de certains hommes, et il en imprégnait son œuvre à ce point que l'atmosphère plutôt un peu... sérieuse de l'École des Beaux-Arts va s'en trouver pour quelques jours tout égayée et tout émoustillée.

Car n'allez pas vous imaginer, je vous en prie, que pour avoir franchi les trois marches du perron et s'être nichées dans tous les coins de la salle *Melpomène* (ou, si ce n'est elle, c'est sa sœur), ça soit devenu de la mythologie, toutes ces petites femmes que vous voyez là.

Ce sont des Parisiennes, des vraies Parisiennes de tout à l'heure, qui passaient à côté de vous frileusement emmitouflées, ou bien humant un fugitif rayon de soleil, tapant le pavé de leurs petits talons, femmes du monde prenant de très grands airs convenables, ou trottinettes allant « livrer de l'ouvrage », ici parfaitement égales devant le déshabillage. Si vous ne les reconnaissez pas à leurs fossettes, à leur nez capricieux, à leurs yeux effrontés, à leur fou rire, à leurs cheveux follets, à leur souplesse affriolante d'anguilles électriques...! Enfin, parce que l'exposition a lieu ici, ne les respectez pas trop, — vous leur manqueriez de respect.

C'est justement parce que ce n'est pas sérieux que c'est de l'art, et de l'excellent, et du pas commode : l'art de n'être pas sérieux. Être sérieux, c'est à la portée de tout le monde, en s'appliquant. N'être pas sérieux, c'est se montrer élégant, riant, entraînant, jeter des fleurs et de la lumière sur tout ce qu'on touche, faire des femmes qui ne soient pas des formules, répandre de la gaieté qui ne soit pas dans les manuels, et ici l'application commence à ouvrir les yeux, à tirer la langue et à perdre son latin.

La troupe folâtre de ces petites Françaises va jacasser, frétiller, se tortiller impudemment dans le voisinage sévère de toutes les vieilles muses. Elles vont, pendant leur temps de campement, tirer familièrement des barbes qui en seront très contentes au fond, grimper sur des genoux, faire sauter des lunettes d'un impertinent revers de main. Barbes, ne soyez pas trop revêches ; lunettes d'or, laissez-vous brusquer ! Elles seraient capables de dire : Zut ! — ah ! dame, c'est leur façon de parler, — à vos plus judicieuses remontrances.

Puis, il pourrait arriver des choses affreuses. Cette mauvaise troupe se mettrait en route, ferait la farandole le long des couloirs, traverserait la cour du mûrier, se répandrait dans les ateliers, effaroucherait la bibliothèque, et finalement irait retrouver les moulages des figurines grecques qui s'ennuient peut-être beaucoup dans les armoires du musée, et je vous réponds qu'elles en auraient long à se dire.

Entre les mignonnes Athéniennes et les espiègles Montmartroises, voire Batignollaises, la connaissance serait vite faite ou refaite. Elles se découvriraient cousines, et reconnaîtraient sans peine qu'à des centaines et des centaines d'années de distance elles ont été mises au monde pour les mêmes fins : amuser la vie avec art.

Quant à leurs petits vauriens de frères qui les suivraient dans ces escapades, ils iraient jouer aux billes dans la cour d'honneur avec les petits camarades qui abandonneraient un instant la suite de Bacchus, ou cesseraient de se faire peur, pour rire, avec les masques tragiques, un de leurs jeux favoris sur les peintures ou les bas-reliefs des vases. Peut-être même les entraîneraient-ils jusque dans la rue et sur les quais, où les petits gars d'Athènes ne seraient pas longs à se mettre au courant des farces qu'il faut faire aux cochers de fiacre.

Car, de même que les femmes de Joseph Chéret, vivantes et pimpantes comme le furent et le demeurent les petites dames de Tanagra, sont de pures Parisiennes, de même ses enfants sont des gamins d'ici, « des enfants, a dit M. Octave Uzanne dans l'*Art et l'Idée*, non pas joufflus et fantaisistes à la façon de Boucher, mais des gosses bien modernes, aux fronts proéminents, à la chevelure encore mal accusée, des enfants aux jolies maigreurs, aux ventres légèrement excessifs, et dont les moues indécises ne laissent pas prévoir s'ils vont rire ou pleurer ». Ne vous y fiez pas trop : ils sont moqueurs, et, quand ils pleurent, c'est encore pour rire.

Ce qu'ils s'amusent pour leur argent, ou pour le nôtre, lorsqu'ils s'ébattent dans l'aisselle d'une feuille, marronnier ou géranium; lorsqu'ils font les matamores avec une grenouille peureuse, et fuient bravement, épouvantés devant la même bestiole devenue agressive; lorsqu'ils se contentent de se bousculer en interpellant les passants, juchés sur le couronnement de ce vase ceinturé de fer forgé; lorsqu'ils tiennent dans leurs mains les lampes électriques, petits météores qu'ils semblent vouloir projeter dans l'espace comme pour jouer à la balle avec ces babillardes lumières; lorsqu'ils font rouler leurs cerceaux, les petits nigauds, sans cesse autour du galbe d'un vase, croyant faire beaucoup de chemin, tout comme nous-mêmes dans nos occupations affairées et monotones !

Oh ! l'on ne s'ennuie pas dans cette famille-là, et l'on y fait, comme on dit, des vies à tout casser. Les femmes courent et courent, se cachent, se poursuivent, s'embarrassent dans les guirlandes, s'intriquent dans les rubans, se laissent puérilement effrayer par des papillons, très heureuses d'avoir grand'peur, et pour le plaisir de pousser des cris de mauviettes. Elles apportent des charretées de fleurs sur les tables, s'improvisant horticultrices, et, quand elles pêchent à la ligne, elles font tant de vacarme qu'elles semblent escompter un peu trop le courage et la patience des poissons.

Et les petits morveux arrivent pour bien augmenter le désordre et le fouillis. Ils se jettent dans les jambes étourdiment, font les mauvais diables, les complices et les chatouilleurs; ils s'agrippent où ils peuvent, aux branches, aux interstices des murailles, aux yeux et au nez des masques, aux femmes, où ça se rencontre. Tout cela, c'est de la chair, et c'est de l'art charmant, et je me garderais bien de troubler votre amusement ou de guider votre plaisir par des énumérations et des descriptions. C'est trop facile, faites-les vous-mêmes.

Dans les dictionnaires, les revues et les recueils biographiques, vous trouverez aussi toutes les dates, les étapes de cette carrière (1); la naissance de Joseph Chéret en plein Paris, en 1839; ses débuts au salon en 1875; ses travaux et ses prix à Sèvres; ses succès au Champ de Mars; sa mort prématurée au lendemain du jour où il recevait la croix. Ce qu'il faudrait maintenant essayer de faire, ce serait de montrer rapidement la contre-partie de cette gaieté de l'œuvre, de dire par combien d'efforts et par quel labeur se conquiert le sourire.

L'importance de ces choses frivoles a été reconnue par les plus autorisés : « On doit, a dit M. Roger Marx, mettre Joseph Chéret au rang des initiateurs de la renaissance décorative dont nous saluons maintenant la glorieuse effervescence; il le mérite par son action qui fut féconde, et par ses ouvrages marqués au sceau d'une originalité véritable portant la date d'une époque et le signe d'une race ».

Cette originalité est, sans doute, comme nous l'avons dit, une exceptionnelle faveur de nature ; mais, pour que l'artiste s'en rende maître, pour qu'il exprime sa pensée complètement, avec cette netteté, cette apparence de facilité, cette suppression de toute trace d'effort, que de travail, que d'observations, que de recommencements au cours d'une carrière de près de quarante ans!

Les compositions si aisées et si alertes réunies ici ne sont pas poussées toutes seules comme cela. Joseph Chéret voyait d'abord son idée surgir devant lui en même temps qu'un croquis venait éclore sous ses doigts. Le croquis, c'est la façon pour l'artiste de se parler tout haut ; de ces croquis il vous en passera sous les yeux des centaines. Chaque figure, chaque détail était ensuite l'objet d'une sérieuse étude d'après nature, mais pendant laquelle le modeleur commençait à interpréter les formes et les mouvements, plutôt qu'à les rendre froidement ; ce n'était pas sa faute. Enfin il reprenait le tout pour le définitif arrangement.

(1) Notamment la *Revue Encyclopédique* du 15 juillet 1891

Si le travail était attentif et consciencieux, la vie n'avait
pas été tendre ; elle forme rudement les hommes ; il ne
faut pas s'en plaindre quand le résultat est bon. M. Louis
Morin a dans l'*Artiste* (1) raconté ces débuts : « Dès l'âge
de quinze ans, la lutte a commencé pour les deux frères,
Jules, placé chez un lithograpbe, Joseph chez un *pâtissier*,
Joseph astreint à pousser la moulure d'art industriel comme
Jules à faire la lettre ; ils avaient bravement quitté la
famille, pour ne pas lui être à charge, et loué à eux deux
une chambre meublée d'un petit lit, où chacun couchait
à son tour pendant que l'autre devait se contenter du plancher
tout sec. C'était un peu dur, mais deux garçons qui se sentent
leurs maîtres, n'y regardent pas de si près ; il est vrai qu'ils
n'étaient leurs maîtres que le soir, et pendant la journée
du dimanche, mais cela suffisait : le soir, ils dessinaient,
lisaient, et, le dimanche, ils passaient toute leur journée
dans les musées, depuis l'ouverture des portes jusqu'à ce
que le fâcheux *On ferme !* vînt les arracher à la contem-
plation de la toile préférée. Le musée, la rue, les vitrines
des marchands de tableaux, ce fut leur seule école, la
meilleure, et ils en restèrent longtemps les élèves assidus
jusqu'à ce que Joseph entrât chez Carrier-Belleuse, le
délicat sculpteur dont il devait devenir le gendre, et que
Jules partit pour l'Angleterre. »

Joseph Chéret, à la mort de son beau-père, le remplaça
pendant quelque temps comme directeur des travaux d'art
à la manufacture de Sèvres. Ce n'est pas se montrer bien
audacieux de dire que cette vénérable maison n'est plus,
comme au xvine siècle, à la tête des arts de terre, et qu'elle
n'est pas inspirée par l'esprit le plus moderne. C'est éga-
lement constater un simple fait que de remarquer que
Joseph Chéret n'a point donné là, et ce n'est point sa
faute, tout ce qu'il y aurait pu donner.

---

1. Livraison de janvier 1894, notice sur Jules Chéret.

S'il y avait eu sa place bien à lui, son initiative sans brides, nul doute qu'il aurait été amené à rechercher et à trouver ses matières, parfaitement adéquates à ses idées, comme l'a pu faire, isolé dans son coin de Sèvres, l'admirable artiste qui a nom Henry Cros.

Décorateur avant tout, Joseph Chéret a passé la plus grande partie de sa vie à inventer, à multiplier, pour les particuliers, pour la production de son propre atelier, pour Sèvres, pour Baccarat, des formes, des motifs, des compositions. Jules Chéret a du premier coup rencontré et adapté à sa main son moyen d'expression qui est parfait : la lithographie en couleur; le pastel et la peinture où depuis il s'est montré aussi maître, ne l'ont sollicité que plus tard. Joseph Chéret, en ces derniers temps, s'était fort préoccupé de ces questions. Lorsque la mort l'a arrêté, il était sur le point de faire construire chez lui des fours auxquels il aurait arraché des moyens dont il aurait eu la joie d'être complètement responsable : des cuissons, des mélanges de terres, des patines données par le caprice du seigneur Feu.

Pourtant il est une matière parfaite dont Chéret a généreusement profité, une matière que pour la plupart les artistes de ce temps ont eu le tort d'abandonner au plus médiocre courant commercial : c'est la terre cuite tout simplement. Que de fois dans des promenades au Louvre le peintre Renoir m'a fait remarquer la beauté et la pureté de cette matière dans les frises, antéfixes, les urnes, les sarcophages. De notre temps, depuis Clodion, il n'y a guère que Carrier-Belleuse, Frémiet et Joseph Chéret qui aient cherché à en tirer franchement et largement parti.

Elle suffit, dans ces légères fantaisies, à donner la couleur et la plasticité. Il faut espérer que de vraiment bons artistes reviendront à cette dédaignée qui est fine, sobre et peu chère. Les moyens les plus frugaux et qui s'effacent le mieux pour laisser toute la place à la personnalité du metteur en œuvre, sont encore ceux dont on se lasse le moins.

Vous trouverez donc un vif plaisir à suivre les tourbil-
lonnants ébats de ces femmes et de ces enfants, sur le con-
tour de ces vases de terre fragile et sonore. En même temps
vous vous étonnerez de la multiplicité des aptitudes de cet
artiste qui se montre ici décorateur et architecte, construc-
teur de cheminées, inventeur de meubles, de lustres, de
lampes, de bougeoirs, de vide-poches. Votre surprise sera
sans doute plus grande encore d'apprendre que toutes ces
facultés n'ont été utilisées que par l'industrie privée alors que
l'État s'est seulement avisé de leur valeur au moment où il
allait être trop tard.

Quant au reste, bien inutile d'en faire sentir le charme.
Il y a la-haut des nuées de frimousses parisiennes qui s'im-
patientent de nous entendre parler si longtemps sérieuse-
ment sans pouvoir placer leur mot. « Qu'est-ce que c'est,
murmurent-elles entre elles, que ces gens-la qui disent des
choses embêtantes auxquelles nous ne comprenons rien ?—
C'est des critiques. — Des critiques? Des messieurs qui
cherchent dans les dictionnaires des tas de mots pour dire
que nous sommes gentilles ? Eh ben! Est-ce que ça ne se
voit pas? »

ARSÈNE ALEXANDRE

ORIGINAUX

1. **Trépied** en fer forgé formant jardinière, supportant des enfants, porte-fanaux à l'électricité.

Haut. 2^m,40.

2. **Vase** en bronze martelé, composé de groupes d'enfants avec ceinture et pied en fer forgé.

Haut. 0^m,42.

3. **Cheminée d'angle** en plâtre, formant étagère, avec grand haut-relief, inscription latine. Banc et lampe suspendue.

Haut. 1^m, ".

4. **Fontaine monumentale** en plâtre, composée d'un groupe d'enfants et d'un dauphin.

Haut. 3^m,40. — *Larg.* 1^m,50.

5. **Pot à tabac** fin de siècle, plâtre. Les Décadents.

Haut. 0^m,23. *Larg.* 0^m,30.

6. Monument à la Gloire
DE LA RÉVOLUTION FRANÇAISE, plâtre.
Haut. 1ᵐ,20. — *Larg.* 0ᵐ,40.

7. Monument de Gambetta. Projet de concours pour le Carrousel, plâtre.
Haut. 0ᵐ,60. — *Larg.* 1ᵐ, ».

8. Vase Louis XVI, plâtre.
Haut. 1ᵐ,05. — *Larg.* 0ᵐ,37.

ESQUISSES EN PLATRE

9. Cheminée représentant en haut-relief le *Benedicite*, ornée d'un banc et d'une niche avec saint.
Haut. 0ᵐ,27. — *Larg.* 0ᵐ,27.

10. Cheminée de campagne avec banc, étagère et porte-lumière.
Haut. 0ᵐ,22. — *Larg.* 0ᵐ,20.

11. Cheminée avec décoration complète, glace et lumière.

12. Cheminée composée de deux nichés ornées de guerriers.
Haut. 0ᵐ,40. — *Larg.* 0ᵐ,20.

13. **Cheminée** forme architecturale : groupe de femmes et d'enfants.

> *Haut.* 0ᵐ,60. — *Larg.* 0ᵐ,35.

14. **Cheminée Louis XVI**, modèle exécuté pour M. Goubeau.

> *Haut.* 0ᵐ,19. — *Larg.* 0ᵐ,09.

15. **Cheminée Renaissance** à trois niches à figurines.

> *Haut.* 0ᵐ,23. — *Larg.* 0ᵐ,13.

16. **Cheminée Renaissance**, à hauts reliefs.

> *Haut.* 0ᵐ,24. — *Larg.* 0ᵐ,14.

17. **Cheminée Renaissance** à panneau en haut-relief.

> *Haut.* 0ᵐ,25. — *Larg.* 0ᵐ,12.

18. **Cheminée Renaissance** avec colonnettes et têtes en relief.

> *Haut.* 0ᵐ,38. — *Larg.* 0ᵐ,27.

19. **Cheminée Renaissance** avec fleurs de lys.

> *Haut.* 0ᵐ,26. — *Larg.* 0ᵐ,12.

20. **Cheminée Renaissance** avec frise.

> *Haut.* 0ᵐ,18. — *Larg.* 0ᵐ,09.

21. **Cheminée** ornée de cariatides.

> *Haut.* 0ᵐ,25. — *Larg.* 0ᵐ,24.

22. **Crédence** à jour, formant vitrine dans le haut, à portes pleines dans le bas.

    Haut. 0^m,18. — Larg. 0^m,12.

23. **Crédence** à jour, avec tiroirs.

    Haut. 0^m,19. — Larg. 0^m,18.

24. **Crédence** à jour, formant coffret.

    Haut. 0^m,18. — Larg. 0^m,14.

25. **Buffet de salle à manger,** le haut formant étagère, le bas à portes pleines s'ouvrant à coulisses.

    Haut. 0^m,30. — Larg. 0^m,22.

ESQUISSES TERRE CUITE

26. **Vase :** LA CHASSE, posé sur trépied en fer forgé.

    Haut. 0^m,45. — Larg. 0^m,16.

27. **Bas-relief :** LA BIENVENUE.

    Haut. 0^m,45. — Larg. 0^m,35.

28. **Les Faunes,** groupe.

29. **Le Rêve,** groupe.

30. **La Jeune Mère,** groupe.

31. La Toilette, groupe.

32. Devant Guignol, groupe.

33. Devant Minerve, groupe.

34. Un Pot à tabac représentant le tête-à-tête.

35. Un Pot à tabac avec groupe de deux figures.

36. Un Pot à tabac avec couvercle et personnages.

37. Surtout de table : PORTEURS DE PANIERS.

38. Jardinière de table, partie.

39. Jardinière de table, contre-partie.

40. Plat : LES CERISES.

41. Plat : LE BAIN.

42. Feuilles d'eau et Libellules.

43. Plateau : MANGEURS DE CERISES.

44. Le Maquillge, groupe.

45. Portrait de Mme M .., statuette en cire.

ESQUISSES & ÉTUDES

PLATRE

MODÈLES DE CHEMINÉES

Exécutés dans des Hôtels et Châteaux

---

62. Cheminée de salle à manger.
Grandeur d'exécution. Composée de deux Cariatides supportant une frise d'enfants assistant à un banquet. Modèle exécuté pour M. A. Godillot.

Haut. 2ᵐ,40. — *Larg.* 2ᵐ, ».

63. Esquisse de Cheminée gothique
pour bibliothèque. Modèle exécuté pour M. Gravier.

64. Esquisse de Cheminée Renaissance
pour salon. Modèle exécuté pour M. Gravier.

65. Esquisse de Cheminée pour salle à manger,
représentant la CHASSE AU SANGLIER. Modèle exécuté pour M. Gravier.

66. Frise grandeur d'exécution de la cheminée, représentant la CHASSE. Modèle exécuté pour M. Gravier.

67. Esquisse de Cheminée Renaissance
pour grand Hall. Modèle exécuté pour M. le comte Zamoïsky.

c

67. **Frise**, grandeur d'exécution de la cheminée Renaissance, exécutée pour M. le comte Zamoïsky.

68. **Modèle d'une Cariatide** pour cheminée
monumentale, exécuté pour M. Gravier.
Haut. 0ᵐ,75. — Larg. 0ᵐ,20.

69. **Esquisse d'une Torchère** composée d'une
Cariatide supportant des enfants portant des
étoiles. Modèle exécuté pour la maison Delpy.

70. **Esquisse d'une Torchère** composée d'une
Cariatide supportant des Enfants portant des
soleils. Modèle exécuté pour la maison Delpy.

71. **Esquisse d'une Porte-Cochère.**
Haut. 0ᵐ,25. — Larg. 0ᵐ,28.

PLATRES

72. **Modèle d'une Fontaine** exécuté pour le
Magasin de la Place Clichy.
> *Haut.* 0^m,90. — *Larg.* 0^m,30.

73. **Bas-relief Renaissance,** modèle exécuté en
pierre.
> *Haut.* 0^m,76. — *Larg.* 0^m,83.

74. **Esquisse d'un Haut-relief** représentant la
peinture exécutée pour l'hôtel de M. Huillard.

75. **Modèle d'un Fût de colonne** exécuté
en pierre pour l'hôtel de M. Dervillé.

76. **Panneau.** Étude de femme d'après nature.

77. **Id.** Id.

78. **Id.** Id.

79. **Id.** Id.

Ces derniers panneaux dans des encadrements de style
Louis XVI.

TERRES CUITES

VASQUES ET VASES

---

80. **Grande Vasque** décorative, composée d'une gaine avec enfants, têtes de femme et d'homme.

81. **Un Vase décoratif** supporté par des enfants.

82. **Les Pêcheuses,** vase.
   Haut. 0^m,75. — Larg. 0^m,45.

83. **Les Femmes poursuivies** PAR DES PAPILLONS, vase.
   Haut. 0^m,60. — Larg. 0^m,35.

84. **Les Enfants et les Masques,** vase.
   Haut. 0^m,60. — Larg. 0^m,35.

85. **Vernissage,** composition d'enfants et de fleurs, vase.
   Haut. 0^m,35. — Larg. 0^m,55.

86. **Les Guirlandes et les Masques,** vase.
   Haut. 0^m,32. — Larg. 0^m,40.

87. Les Enfants et les Grenouilles, vase.

Haut. 0ᵐ,36. — *Larg.* 0ᵐ,25.

88. Les Surprises de l'amour, vase.

Haut. 0ᵐ,41. — *Larg.* 0ᵐ,20.

89. Enfants jouant au cerceau, vase.

Haut. 0ᵐ,33. — *Larg.* 0ᵐ,35.

90. Le Printemps, vase.

Haut. 0ᵐ,80. — *Larg.* 0ᵐ,27.

91 et 92. Les Enfants et les Grenouilles,

vases montés en lampe par Gagneau (bronze argenté).

Haut. 0ᵐ,88. — *Larg.* 0ᵐ,23.

GROUPES

TERRE CUITE

93. **Milieu de Table** composé d'une femme et de six enfants portant des paniers pour fleurs et fruits.
Haut. 0^m,35. — *Larg.* 0^m,75.

94. **Milieu de Table** : La Gondole, composé d'une femme et d'enfants.
Haut. 0^m,55. — *Larg.* 0^m,55.

95. **Jardinière de Table** composée de quatre enfants avec paniers pour fleurs et fruits. Deux modèles.
Haut. 0^m25. — *Larg.* 0^m,60.

96. **Jardinière** : La Bacchanale.
Haut. 0^m,40. — *Larg.* 0^m,45,

97. **Les Rieurs.**
Haut. 0^m,48. — *Larg.* 0^m,45.

98. **Le Coup de Vent.**
Haut. 0^m,45. — *Larg.* 0^m,40.

99. Le Casque.

Haut. 0^m,70. — Larg. 0^m,40.

100. Le Maquillage.

Haut. 0^m,40. — Larg. 0^m,25.

101. La Voyageuse.

Haut. 0^m,50. — Larg. 0^m,22.

102. La Peinture.

Haut. 0^m,30. — Larg. 0^m,28.

STATUETTES

TERRE CUITE

103. **Le Repos.**
> *Haut.* 0^m,50. — *Larg.* 0^m,40.

104. **Le Messager.**
> *Haut.* 0^m,60. — *Larg.* 0^m,50.

105. **La Corbeille.**
> *Haut.* 0^m,38. — *Larg.* 0^m,25

106. **Le Bacchus.**
> *Haut.* 0^m,38. — *Larg.* 0^m,20.

107. **Le Bouquet.**
> *Haut.* 0^m,50. — *Larg.* 0^m,15.

108. **La Marchande.**
> *Haut.* 0^m,40. — *Larg.* 0^m,20.

109. **Les Carquois.**
> *Haut.* 0^m,40. — *Larg.* 0^m,12.

110. Le Petit-Poucet.

> *Haut.* 0^m,22. — *Larg.* 0^m,15.

111. Le Penseur.

> *Haut.* 0^m,35. — *Larg.* 0^m,18.

112. La Colonnette.

> *Haut.* 0^m,28. — *Larg.* 0^m,10.

113. La Charmeuse.

> *Haut.* 0^m,75. — *Larg.* 0^m,45.

114. Enfant aux masques.

> *Haut.* 0^m,70. — *Larg.* 0^m,35.

115. Le Petit Déjeuner.

> *Haut.* 0^m,25. — *Larg.* 0^m,15.

116. La Tête Assyrienne.

> *Haut.* 0^m,20. — *Larg.* 0^m,15.

117. Le Sommeil.

> *Haut.* 0^m,58. — *Larg.* 0^m,35.

118. Presse-papier de face.

> *Haut.* 0^m,08. — *Larg.* 0^m,25.

119. Presse-papier de dos.

> *Haut.* 0^m,08. — *Larg.* 0^m,25.

PLATEAUX

EN TERRE CUITE

120. **Feuille de Marronnier.**
Long. 0ᵐ,30. — Larg. 0ᵐ,27.

121. **L'Aubade à la Lune.**
Long. 0ᵐ,25. — Larg. 0ᵐ,20.

122. **Feuille de bégonia** AVEC FEMME ET PAPILLON.
Long. 0ᵐ,39. — Larg. 0ᵐ,24.

123. **Feuille de platane** AVEC ENFANT ET COLIMAÇON.
Long. 0ᵐ,22. — Larg. 0ᵐ,20.

124. **Feuille de géranium** AVEC ENFANT ET FLEURS.
Long. 0ᵐ,21. — Larg. 0ᵐ,20.

125. **Feuille d'eau :** FEMME ET LIBELLULES.
Long. 0ᵐ,35. — Larg. 0ᵐ,22.

FRISE

TERRE CUITE

126. **L'Ouverture de la Pêche.**
Long. 1ᵐ,25. — Larg. 0ᵐ,40.

BRONZES

VASES

127. Les Femmes poursuivies par les Papillons.

Haut. 0^m,62. — *Larg.* 0^m,37.

128. Enfants et Masques.

Haut. 0^m,62. — *Larg.* 0^m,37.

129. Les Surprises de l'amour.

Haut. 0^m,43. — *Larg.* 0^m,22.

130. Enfants jouant au cerceau.

Haut. 0^m,35. — *Larg.* 0^m,37.

131. La Pêche est ouverte.

Haut. 0^m,78. — *Larg.* 0^m,47.

132. Le Vernissage.

Haut. 0^m,37. — *Larg.* 0^m,57.

133. Guirlandes et Masques.

Haut. 0^m,34. -- *Larg.* 0^m,42.

134. Les Enfants et les Grenouilles.

Haut. 0^m,38. — *Larg.* 0^m,27.

135. Porte-Bouquet, Enfant portant un Vase avec frise en relief en bronze argenté.

Haut. 0^m,20. — *Larg.* 0^m,15.

136. L'Espiègle, bougeoir en argent.

Haut. 0^m,16. — *Larg.* 0^m,18.

137. Bonsoir, bougeoir en bronze argenté.

Haut. 0^m,18. — *Larg.* 0^m,22.

138. Enfants et Grenouilles, vase monté en lampe par Gagneau.

139. Même sujet.

Haut. 0^m,90. — *Larg.* 0^m,25.

APPLIQUES POUR L'ÉLECTRICITÉ

140. Groupe composé de sept enfants portant des fleurs électriques.

Haut. 1^m,80. — *Larg.* 0^m,80.

141. Groupe composé de sept enfants portant des fleurs électriques. (Réduction).

> *Haut.* 1^m,15. — *Larg.* 0^m,57.

142. Les Fuchsias.

> *Haut.* 0^m,70. — *Larg.* 0^m,35.

143. Les Libellules.

> *Haut.* 0^m,55. — *Larg.* 0^m,35.

144. La Danseuse Empire.

> *Haut.* 0^m,85. — *Larg.* 0^m,20.

145. Le Porteur de Bijoux.

> *Haut.* 0^m,75. — *Larg.* 0^m,30.

GROUPES

146. Surtout de table composé d'une femme et de six enfants portant des paniers pour fleurs et fruits.

> *Haut.* 0^m,35. — *Larg.* 0^m,75.

147. Jardinière de table composé de quatre enfants portant des paniers pour fleurs et fruits.

> *Haut.* 0^m,25. — *Larg.* 0^m,60.

148. Deuxième modèle, contre-partie.

149. La Voyageuse.
> *Haut.* 0^m,50. — *Larg.* 0^m,22.

150. La Peinture.
> *Haut.* 0^m,32. — *Larg.* 0^m,30.

PLATEAUX EN ÉTAIN

151. Feuille de marronnier.
> *Long.* 0^m,30. — *Larg.* 0^m,27.

152. Feuille de bégonia avec femme et papillon
> *Long.* 0^m,39. — *Larg.* 0^m,24.

153. Feuille de platane avec enfant et colimaçon.
> *Long.* 0^m,22. — *Larg.* 0^m,20.

154. Feuille de géranium avec enfant et fleurs.
> *Long.* 0^m,21. — *Larg.* 0^m,20.

155. Feuille d'eau : Femme et Libellules.
> *Long.* 0^m,35. — *Larg.* 0^m,22.

156. Coquille : L'Aubade a la Lune.
> *Long.* 0^m,25. — *Larg.* 0^m,20.

FAÏENCES

VASES

DESSINS ORIGINAUX

175. Croquis divers DE VASES ET DE PLATEAUX.

176. Vase décoratif représentant L'ABONDANCE.

177. Projet de Vase : LE CLAIR DE LUNE.

178. Panneau pour une entrée de cave, pour l'hôtel de M. Dervillé.

179. Dessin à la plume d'un Vase décoratif.

180 à 188. Neuf dessins encadrés représentant LES MUSES.

189 à 195. Sept projets de Vases, dessins à l'aquarelle. Dernière œuvre de Joseph Chéret.

196 à 198. Trois grands Panneaux. Études d'un trépied en fer forgé, exécuté.

199. Croquis de différents Trépieds en fer forgé, exécutés.

200. Détail du Trépied exécuté.

201. Projet d'un Vase décoratif : LE PRINTEMPS.

202. Projet d'un Vase décoratif : LE TOURNOI.

203. Composition et décoration D'UNE BIBLIOTHÈQUE.

204. Composition et décoration
D'UNE SALLE DE BAL.

205. Composition et décoration
D'UN SALON LOUIS XVI.

206 à 212. Sept croquis de Coupes pour la porcelaine.

213. Croquis à l'aquarelle pour Paravent, représentant LES NEUFS MUSES.

214. Croquis représentant LA DANSE AU CLAIR DE LUNE.

215. Croquis représentant LA MARCHE AUX FLAMBEAUX.

216. Croquis représentant LES MANGEURS DE POMMES.

217. Écran représentant LA MUSIQUE.

218. Écran représentant SUZANNE AU BAIN.

219. Écran représentant LA CHASSE DES PIERROTS.

220. Écran représentant LA COMÉDIE.

221. Menu composé de Marmitons.

222 à 224. Trois Programmes.

225 à 227. Trois Panneaux représentant LA COMÉDIE.

228. Panneau représentant LA TOILETTE.

229. Deux Panneaux représentant la Musique.

230. Deux Panneaux : Pierrots poursuivis par les chats.

231. Composition, Plan et Décoration d'une cheminée d'angle avec banc.

232. Composition et Décoration d'une salle à manger.

233-234. Deux Milieux de table, Concours de Sèvres.

235-236. Deux Aiguières, Concours de Sèvres.

237-238. Neuf Vases décoratifs.

239. Vase décoratif : Brule-Parfum.

240. Vase décoratif : la Danse.

241. Vase décoratif : la Musique.

242. Frise de Vase.

243. Croquis de Vase pour fer forgé.

244 à 292. Quarante-huit Projets de vases décoratifs.

293 à 298. Six Vases pour fer forgé.

299 à 308. **Dix Cache-Pots**.

309. **Coupe** : Dessin a l'aquarelle.

310 à 319. **Dix Torchères** à l'électricité en fer forgé.

320 à 338. **Dix-neuf Pupitres**.

339 à 349. **Onze Torchères** pour l'électricité.

350 à 365. **Seize Croquis de meubles**.

366 à 374. **Neuf Dessins et Compositions** de vitrines au dixième.

375 à 412. **Trente-huit Croquis** de lustres pour l'électricité.

413 à 425. **Neuf Dessins et Compositions** de lustres pour l'électricité, au dixième.

426 à 430. **Cinq Dessins et Compositions** de lustres pour le cristal.

431 à 437. **Sept Lampadaires**.

438 à 445. **Trois Lustres pour bougies**.

446. **Suspension lampe et bougies**.

447 à 472. **Vingt-six Croquis de lampes**.

473 à 481. **Neuf Dessins et Compositions**
de lampes à vingt centimètres pour mètre.

482 à 495. **Quatorze Appliques** pour l'électricité.

496 à 522. **Vingt-sept Dessins** et Compositions
de vases décoratifs pour jardins.

523 à 526. **Quatre Dessins et Compositions**
de bougeoirs, grandeur d'exécution.

527 à 532. **Six Croquis et Dessins** de pots à
bière.

533 et 534. **Deux Croquis et Dessins** de petits
vases.

535. **Dessin** grandeur d'exécution d'un soubassement
d'applique.

536. **Croquis de la Comédie** et de l'Éloquence.

537. **Croquis d'un Saladier.**

538 à 555. **Dix-huit Croquis** de bonbonnières.

556 à 558. **Trois Croquis de chaises.**

559 à 570. **Douze Dessins de fleurs.**

571 à 576. **Six Dessins d'animaux.**

577. Dessin de porte.

578 à 595. Dix-huit Croquis divers.

596 à 607. Douze Croquis divers sous verre.

608 à 614. Sept Dessins à la plume.

615. Porte-Bouquets sous verre.

616. Dessin à la plume : LE PASSAGE DE VÉNUS
DEVANT LE SOLEIL.

617 à 619. Dessin et Composition de cafetière,
sucrier et pot à crème.

620. Dessin et Composition d'une table.

621. Dessin et Composition d'un lit.

622 à 624. Dessin et Composition de cafetière,
sucrier et pot à crème pour la maison Christofle.

625. Dessin et Composition d'un pied de table.

626. Dessin et Composition d'une table.

627. Dessin et Composition d'un lit.

628. Dessin et Composition d'un meuble
exécuté pour la maison Fourdinoir.

629 à 640. Douze Dessins et Compositions
de bonbonnières.

641. **Dessin et composition** d'un meuble exécuté pour la maison Fourdinois.

642 à 653. **Douze dessins et compositions** de Bonbonnières.

654. **Cheminée guerrier.**

655. **Cheminée profil.**

656. **Grand Vase.**

657 à 706. **Cinquante croquis divers.**

707 à 713. **Sept Jardinières.**

714. **Lanterne.**

715. **Salon Louis XVI,** crayon.

716 à 718. **Trois châssis cheminée** d'angle.

719. **Banc Guignol sous verre.**

720 à 780. **Soixante-un Plateaux.**

781. **Frise,** détail de la cheminée exécutée dans l'hôtel de M. Dervillé.

782. **Dessus de porte** en fer forgé exécuté pour l'hôtel de M. Dervillé.

783 à 786. **Quatre Lustres.**

787 à 809. **Vingt-deux Appliques.**

810 à 846. Trente-sept Lampes.

847 à 857. Onze Torchères.

858 à 860. Trois Suspensions.

861 à 867. Sept Lustres à bougies.

868 à 924. Cinquante-sept Vases.

925 à 929. Cinq Bougeoirs.

930 à 939. Dix Fontaines.

940 à 951. Douze grandes vasques.

952 à 957. Six Soupières.

958 à 1003. Quarante-cinq Cheminées.

1004. Cheminée d'angle châssis.

1005 et 1006. Deux Lucarnes d'angle.

1007 et 1008. Deux Lustres fusain.

1009. Lustre sous verre.

1010. Cheminée.

1011. Dessus de porte.

1012. Cheminée pour boudoir Louis XVI

1013. Cheminée avec niche et banc.

1014. **Dessin à la plume** d'un vase représentant le Passage de Vénus devant le Soleil.

1015. **Un Chiffre.**

1016 et 1017. **Deux Panneaux.**

1018. **Console.**

1019. **Cheminée avec éventail.**

1020. **Cheminée** avec fleurs à l'électricité.

1021. **Cheminée de salle à manger,** avec frise.

1022. **Cheminée de salle à manger,** avec grille.

1023. **Cheminée de salle à manger,** avec décoration intérieure.

1024. **Cheminée de salle à manger,** avec Salamandre.

1025. **Cheminée** pour boudoir Louis XV.

1026 à 1041. **Seize Pendules.**

1042. **Vase de jardin.**

1043 et 1044. **Deux Beurriers.**

1045 et 1046. **Deux Pianos.**

1047 et 1048. Deux Coquetiers.

1049 à 1060. Douze Cache-pots.

1061 à 1068. Huit vases décoratifs.

1069 à 1074. Six verres.

1075-1076. Deux Bas-reliefs pour cheminée.

1077. Vitrine.

1078. Plafond.

1079. Détail de volet pour l'hôtel de M. Dervillé.

1080. Épis, en fer forgé, pour l'hôtel de M. Dervillé.

1081 à 1083. Trois Détails d'un meuble.

1084. Trépied, en fer forgé pour l'électricité.

1085. Étude d'une porte.

1086 à 1089. Quatre Encriers.

1090 à 1092. Trois Frises.

1093. Cadre de glace.

PHOTOGRAPHIES

1094. Photographie d'un candélabre exécuté
pour la maison Royer.

1095. Esquisse d'une cheminée.

1096. Cheminée exécutée dans l'hôtel de M. Gravier.

1097. Cheminée exécutée dans l'hôtel de M. Guérin.

1098. Candélabre.

AQUARELLES

1099. Éventail : LE PRINTEMPS.

1100. Écran : UN JOUR DE FÊTE.

ŒUVRES ORIGINALES

1. **Piano à queue Louis XVI.** à Mme Henri Renard.

2. **Table Louis XVI.** à Mme H. Renard.

3. **Vase décoratif** représentant le passage de Vénus devant le Soleil. Exécuté à la manufacture de Sèvres, appartient à la Bibliothèque nationale.

4. **Vase décoratif brûle-parfums** exécuté à la manufacture de Sèvres; décore la cheminée du foyer de l'Opéra.

5. **Jardinière milieu de table.** Appartient au musée de Sèvres.

6. **Surtout de table.** Appartient au Musée des Arts décoratifs.

7. **La Musique,** groupe en argent et marbre. Appartient à M. Ménier.

8. **Applique bras de lumière,** pour le gaz.
Appartient à **M.** A. Godillot.

9. **Photographie** d'une cheminée monumentale,
exécutée dans l'hôtel de M. G.-Alexis Godillot.

10. **Vase en bronze argenté** exécuté par la
maison Christofle. Modèle fait avec la collaboration de A. Carrier-Belleuse et offert à M. Dietz-
Monin.

11 à 15. **Garniture.** Appartenant aux Cristalleries de
Baccarat.

16. **Une Glace de Toilette Louis XVI,**
avec attributs et guirlandes de fleurs, deux figures :
l'Art et la Nature, de feu Gumery. Appartient à
MM. Christofle et Cie.

17. **Petits Flambeaux de toilette** à trois lumières, style Louis XVI. Garniture de la table de
toilette, composée de coupe à bijoux, boîtes à
poudre, flacons à odeur, pots à pommade, etc.,
style Louis XVI. Appartient à MM. Christofle
et Cie.

18. **Un Service à café Renaissance,** en argent repoussé. Cafetière, sucrier et pot à crème.
Appartient à MM. Christofle et Cie.

19. **Un Service à café Louis XVI,** en argent repoussé. Cafetière, sucrier et pot à crème.
Appartient à MM. Christofle et Cie.

20. **Une Bouilloire à thé** à bascule. Enfants et femme couchés formant la poignée de l'anse. Appartient à MM. Christofle et Cie.

21. **Un Surtout Renaissance** à 2 figures, en collaboration avec Carrier-Belleuse. Appartient à MM. Christofle et Cie.

22. **Un Service à café Louis XVI,** 3 pièces, anse et bec à têtes de femmes (négresse et blanche). Appartient au Musée des Arts décoratifs.

23. **Table Louis XVI,** en bronze doré ; le dessus en marbre, jaspe et lapis-lazuli incrustés. Appartient à M. Isaac Péreire.

24. **Photographie** d'une grande porte exécutée par la maison Fourdinois et appartenant au Musée des Arts décoratifs.

25. **Composition, Architecture** et décoration de la façade de l'hôtel de M. Dervillé, exécutée rue Fortuny, à Paris.

26. **Dessin** d'après la cheminée exécutée dans l'hôtel de M. Gravier. Appartient à M. Dalbin, architecte.

27. **Deux Écrans** à l'aquarelle. Appartenant à Mme Guillaumot.

28. **Lanterne** en fer forgé. Appartenant à M. Poiplot.

Pour tous renseignements, s'adresser à l'atelier de Joseph CHÉRET, 67, *rue Rochechouart, à Paris, et à* E. SOLEAU, *éditeur des œuvres de* Joseph CHÉRET *(Bronzes et Étains),* 127, *rue de Turenne, à Paris.*

Les ateliers de Joseph CHÉRET *seront à louer tout agencés à partir du* 15 *avril prochain.*

IMPRIMERIE CHAIX

Ateliers Chéret, rue Bergère, 20. — PARIS.

23338-11-94.